La luz no es de nadie

La luz no es de nadie

Luis Acebes

MARESÍA

{Pie de Página}

{Pie de Página}

Título original: *La luz no es de nadie*
Primera edición, 2024

© Luis Acebes
© Diseño de cubierta: José Miguel Rodríguez Montoya
© Diseño y maquetación de interior: Marta Vega
© Ilustración de portada: Alba Acebes

Depósito legal: M-9315-2024
ISBN: 978-84-127158-8-0

Impreso de forma cariñosa en España.

A Marta

Habla más suave: eres mayor que aquel
que fuiste tanto tiempo; eres mayor
que tú mismo y sigues sin saber
qué es la ausencia, el oro, la poesía.

ADAM ZAGAJEWSKI

Índice

Prólogo

Juan Romeu

Cuando en junio de 2023 recibí en el correo la propuesta de Luis Acebes, yo andaba un tanto ocupado con la Feria del Libro de Madrid. Aun así, encontré algo de tiempo para revisar el poemario que nos enviaba y pude constatar que me había llegado la obra de un poeta exquisito. Por eso, aunque su estilo era algo más complejo de lo que buscamos habitualmente en Maresía, supe bien pronto que encajaba perfectamente en la colección. Versos como

> No sabemos
> nada del tiempo
> que nos es dado,
> pero nos sentamos
> y lo forramos
> como si no fuera
> un libro prestado

del poema «Colección» no se podían dejar escapar.

Revisando luego, por completar, su trayectoria y poemas suyos anteriores disponibles en internet, comprendí que Luis Acebes no solo era un autor que mereciera estar en Maresía, sino que, con siete sobresalientes poemarios ya publicados, se podía considerar uno de los grandes poetas de la actualidad. Yo no lo había encontrado en ninguna de las antologías generales de poesía actual que tengo por casa, pero no fue algo que me extrañara lo más mínimo habiendo comprobado ya la mucha calidad poética desatendida que existe, especialmente la que más podría devolver la confianza en la poesía al público general.

Es verdad que, como decía, la poesía de Acebes no entraba exactamente en la categoría de poesía que se entiende —nuestra seña de identidad—, pero eso tenía una solución fácil en nuestra costumbre de publicar todos los poemas comentados. En este caso, tras sopesarlo un tiempo y ver lo bien que había funcionado en *Manta eléctrica* de Mario Díaz, el propio autor se animó a comentarlos él mismo. Yo me limité a plantearle algunas preguntas por si se podía completar la información de esos comentarios que, como ya he dicho muchas veces, en ningún caso buscan determinar la interpretación de los poemas, sino orientar al lector que lo precise para que pueda disfrutar más de la lectura. ¿El resultado? Como veréis, lo bueno de autores llenos de poesía como Luis Acebes es que sus comentarios no solo facilitan la lectura de sus poemas, sino que les sacan aún más poesía de dentro.

Si digo que la poesía de Luis Acebes no puede incluirse entre la que se entiende no es porque sea oscura o críptica, es más bien todo lo contrario: es luminosa, resplandeciente; tanto que deslumbra (como si la luz, pese al título del poemario, fuera suya). La poesía de Acebes es tan inteligente que a veces cuesta creer que esté hecha aposta, pero tiene que ser así porque esa perfecta unión de imágenes que presenta no puede ser fruto de la casualidad.

Luis Acebes nos ofrece escenas reales que se entrelazan magistralmente con sentimientos, con recuerdos, con nuestra propia realidad... Las imágenes que presenta son «inusitadamente bellas a la vez que [están] perfectamente ancladas en el mundo material», en palabras de Natalia Carbajosa en su reseña, en la revista literaria *El Coloquio de los Perros*, de *Fatiga terrestre* (Ediciones en Huida, 2016), cuarto poemario del autor.

Su poesía es una sucesión de metáforas, sinestesias y comparaciones que entremezclan mundos, de imágenes poderosas que transmiten con eficacia, a veces casi sin necesidad del resto del poema, como ocurre con el «confeti negro» de «Cuando discuto contigo» o la visión de los muertos como «fideos secos de una sopa» de «Muertos que miran». A esto ayudan recursos como las prodigiosas adjetivaciones que utiliza —por ejemplo, en «primaveras comestibles» (del poema «Fue»)—, pero sobre todo los mundos que crea. Valgan como ejemplo estos versos de su tercer poemario, *Corte a sección de mi vida con un cuchillo blanco de plástico* (Ediciones En Huida, 2015):

> Desde hace años vivo
> dentro de un laúd.
> Por su tripa de barco
> corro en círculos
> huyendo

o esta apabullante descripción del mes de enero de esa misma obra:

> Enero delante,
> el mes crudo
> con sus catenarias
> a lo lejos, estremecedoras como brackets
> de un monstruo empeñado en masticarme.

No sorprende que el tema principal de la poesía de Luis Acebes sea el tiempo. El tiempo condiciona nuestras vidas, genera sus escenas y es lo que crea la fricción necesaria para que salte la chispa de la poesía. Para el autor, el tiempo es como un «cirujano que opera a oscuras / y nos deja / a medio coser», es «un *hooligan* / gordo y tatuado que, sin embargo, / leyó a poetas isabelinos».

La inexorabilidad del tiempo hace que el tono de Luis Acebes sea pesimista. No obstante, sabe combatir el pesimismo con una cruda ironía que al principio escuece, pero que luego sana. Así, aunque nunca alcanzamos el futuro:

> Acudimos a la astrofísica para saber
> cuándo saldrá el sol, siempre mañana,
> como el que mete una moneda
> en una tragaperras que el casino
> hubiese colocado en el futuro

y el pasado (del que dice que es su lugar de trabajo)

> Es
> como tomar sopa fría mientras alguien
> te apunta en la sien con una pistola,

al leer sus poemas nos cala la idea casi optimista de que lo más sensato es aceptar que el tiempo es así, que no tiene nada contra nosotros, que vivimos bajo «un cielo que ni quita ni pone rey»[1]. Los problemas del pasado se deben a nuestro exceso de memoria:

---

1 A este respecto, con fina ironía, se pregunta esto en *Corte a sección de mi vida con un cuchillo blanco de plástico*:

> Si leyera los libros más vendidos
> o montara en piragua, ¿el tiempo
> me trataría de otra forma?

La memoria hace lo que puede y más,
es lo malo, ese prurito nos destroza.

Y los problemas de futuro se deben simplemente a nuestra impaciencia (él mismo se describe como «un profesional de lo que nunca acaba de llegar»), lo que se refleja bien en el poema que da título a este poemario:

Asómate al hueco sin temblar.
Eres esa ausencia
que ni las palabras rozan.
Ahora ya puedes seguir con tu vida.
Planea como el avión
que tú mismo hicieras un día,
sonámbulo y necio,
a la espera del mañana.

Y lo mismo se aplica a otro de los grandes temas que trata Luis Acebes en su poesía, el amor. El amor tampoco es algo personificado que se haya propuesto ir en nuestra contra. «Pedirle explicaciones al amor es como pedírselas a una tormenta», dice en el comentario de «El desorden de las sombras». Y en el de «Funciona así» incide: «Queremos justicia en un asunto que no la conoce. ¿Le pedirías justicia al mar?». La ironía que se aprecia en todos estos fragmentos ayuda a encajar mejor la realidad, que solo es mala porque le exigimos demasiado (o sencillamente algo), porque queremos ordenar demasiado («En qué casilla de Excel se contabilizará todo esto», se pregunta al ver una pareja que no funciona). «No hay un cuerpo de policía / de lo invisible», afirma con terrible sarcasmo en «El desorden de las sombras» para defender que a nadie hay que pedir auxilio ante lo que sucede porque sí, como que se vaya alguien que aparentemente nos amaba.

El amargo tono es coherente con la idea de que «La vida es una broma», tal como le confiesa a su hija en «Aunque llegue tarde». Si la vida es verdaderamente una broma a pesar de todo, para qué mirarla con ojos serios, para qué seguir esperando y no vivir: «tenemos más de lo necesario para empezar una y mil veces a vivir».

Luis Acebes escribe para descubrir lo que es, para descubrirse, para llegar hasta lo más profundo de su interior (lo que podría explicar las continuas referencias a la sangre que encontramos en sus versos). En *Fatiga terrestre* dialogaba así con un amigo sobre sus propios versos:

> El que escribe todo eso
> no eres tú. Me quedé
> callado y esperando
> a que algo
> —la embajada competente—
> saliera en mi defensa.

Pero no lo hizo
porque es cierto: no lo soy,
escribo para descubrirlo.

Cada poema es una exploración de su ser, un descubrimiento de algo nuevo o un reencuentro de lo que el tiempo escondió en esas «jaulas que fabrica» («Berlín»).

En una entrevista antigua, Luis Acebes, hablando del primer poemario de Raymond Carver, dejaba clara su idea de la poesía:

> Esa forma de escribir con las tripas en la mano me hizo pensar en la necesidad de llegar a la verdad por encima de la estética lingüística o el efectismo. Creo que la poesía debe perforar nuestro suelo para intentar llegar a la esencia, a ese centro de nuestro planeta particular que nos explique lo que somos.

Su iconoclasia (que ya detectó Javier Gallego en su reseña de *Corte a sección...*), sus juegos con las palabras, su «filología canalla, algo cainita» tomada de Luis Alberto de Cuenca (una de sus referencias junto a autores como Claudio Rodríguez, Mark Strand, Richard Ford o Adam Zagajewski) son armas que consiguen sacar a la luz su esencia, nuestra esencia. La poesía de Luis Acebes en este y en sus anteriores poemarios es una inteligentísima batería de escenas (con apariencia a veces de estar sacadas del mundo publicitario, en el que el autor se ha movido) que nos aciertan de lleno y nos devuelven el interés en la vida, incluso aunque no haya ninguno en ella.

Como excelente poeta, Luis Acebes no solo se (re)encuentra a sí mismo, sino que hace que el lector también lo haga para poder enfrentarse al hoy sin que nada interfiera. Nos consuela reconciliándonos con el tiempo («Qué más dará lo que nos hizo»), con nuestros recuerdos, con nuestros fracasos. Y consigue lo que todo poeta debe conseguir: nos ayuda a levantarnos, porque, si bien es verdad que el tiempo nos obliga a caer,

cualquier caída siempre es un disfraz.

LAS CANCIONES DE AMOR

Las canciones de amor trabajan solas
en oficinas prestadas, atentas
al reloj de arena de su época, como
parturientas que llevasen comisión
por cada nacido. Viven apartadas
en hoteles baratos y bloques
con patios que convierten
en academias para silbar. Mis padres
con las suyas. Los tuyos. Los otros.
De alguna forma acabamos aquí
por ellas. Y mira por dónde, en hoteles
igual de baratos, aunque de noche
acerquemos el oído
a sus paredes ligeras
rezando para que nos digan algo:
buenas noches, descansa,
vivir es fácil, los peces
saltan, el algodón está alto.

Las canciones de amor son depósitos enormes en los que vamos echando nuestra tristeza. Lo hacemos sin darnos cuenta, quizá llevados por el placer de la dejación, de la desaparición, soñando ser esas pizarras en blanco que nada saben del dolor. Las canciones de amor se acaban contagiando de nuestras torpezas. Recuerda *Summertime*, con su algodón alto y su «vivir sencillo». Su naturaleza orgánica se convierte en segunda piel, en segunda biografía que actúa como una sombra y va con nosotros a lo largo de la vida. Este poema trata de contarlo a su manera. Las mías. Las tuyas. Las de tus padres. Todas las que fecundan la tierra para que sigamos cantando.

Aquella tarde en el palacio

Aquella tarde en el palacio
del rey presumido que cazaba ciervos
y colgaba sus cabezas en la pared.
El sol le quitó importancia a todo
como esas madres que no intervienen
en las peleas menores de sus hijos.
Creo que eran encinas, sus cabezas
recriminando el ruido
de nuestra bolsa de patatas,
rebajándonos con su silencio
a la categoría de turistas
que recién llegados a Miconos
solo piensan en hacer pis.
Pero luego, la suma de sol,
palacio y encinas se dibujó
en una libreta de aire
de portada verdosa, llegada
de alguna incierta Antigüedad.
Solo tuvimos que escribir
el número que sabíamos

de memoria. El profesor
que teníamos encima, el mismo
que veía con mala cara
lo de ponerle ojos de cristal
a ciervos muertos
y usar mesitas Luis XIII
para dejar la bandeja del café,
nos dijo con la cabeza que sí.

El sol es el astro menos aristocrático del Universo, pero su aritmética de la belleza nunca falla. Nos ayuda a sumarlo todo hasta dar con el número exacto. Lo sabes cuando un día estás con tu familia cerca de un palacio de hace siglos. En la fotografía salís como en esos anuncios de familias que sonríen. Ya sabemos que las fotos mienten, pero aquel día el sol os cubrió con un manto de emperadores. La Historia se queda pequeña a veces. Ridícula. Los grandes logros viajan en un rayo de luz, en un racimo de oro que se confunde con lo más azul. De ahí la nobleza. Ahí la gracia.

Posible epitafio

Luis Acebes hizo lo que pudo.
Bueno, no siempre. Hubo
muchos días de sofá
creyendo que el techo
acabaría en mapamundi
con naves romanas cargadas
de ánforas de aceite
para las legiones de Asia.
El contador de pasos perdidos
dio tres veces la vuelta.
Una galería de elipses y
espirales adornan
los anexos de su biografía.
Este tipo hizo muy poco,
se conformó con el pan
apalabrado, cortesía del futuro,
que llegaba en cestas cotidiano
y barnizado por la lluvia.
Analicemos sus músculos,
semejante masa no habla de brío

ni del uso de metales en la batalla.
Píndaro no le cantaría
ni con mil monedas en la mano.
Fue un explorador aficionado,
uno más del ministerio. Sus trajes
grises y esas gafas que llevó
los últimos años
hablan de una condición
sombría. Hizo más bien poco.
Jugó a dejarse hacer por la vida.
Fue la plastilina de la luz,
la cuchara
chocando a ciegas
con los bordes
de la taza del silencio
que nunca tocaron sus labios.

¿Quién soy? ¿Quién eres? Escribir es caminar por esa oscuridad sin asustarse para poder beber un día de la taza del silencio. Me mido con palabras. Me juzgo con ellas. No tengo otra ley. Soy un resumen atenuado por las sombras. Llegué. No vi. Perdí. El camino se nos ofrece eterno cuando entornamos los ojos y ese efecto óptico lo teatraliza todo. Es corto. Difuso. ¿Qué más soy aparte de esa voz que me digo? La poesía es una forma de hablar. Lo digo. Me nombro. Me desvanezco. Trato de esculpir mi estatua, pero a cada rato se deshace y solo queda un eco mínimo que me contradice. La poesía es la prueba de haberlo intentado.

CUANDO DISCUTO CONTIGO

Cuando discuto contigo sé que intentas
construir una pista para tus fuerzas aliadas.
Lo sé porque te saco muchos años,
una ventaja que me hace ver cosas
que no quiero. Sé lo que significa sentirte París
la noche antes de los alemanes y todo
lo que potencia teatralmente
el color de las rosas. Luego la vida
se aleja y las palabras comienzan
a oler a medicina, a pasillo de hospital,
como a lejía. Me dices que no puedes
ser más fuerte y yo en ese instante
me cubro de la insensatez de los domadores
o del necio desapego de un hombre-bala
que piensa: hoy es jueves, mañana saldré
a caminar por un bosque. Mi rabia
se queda después como el confeti negro
de una fiesta que hice mal en dar. Y tú
te tumbas en tu cuarto, diezmada,

escuchando la voz de un soldado alemán
que pasa por la calle con un megáfono
diciendo que es mejor colaborar.

La adolescencia de mi hija. La época en que ella defendía su mundo amurallándose en el quicio de la puerta de su dormitorio. Qué rápido pasa todo. Defendió su Troya. Yo me retiré con mis elefantes plateados. La guerra fue en vano. ¿Lo fue? A ratos llegan noticias confusas de esa época. Haría falta un armonizador automático para esa melodía. Un pájaro constante que jugara a ser Heródoto. Todo tiempo se escapa de las manos. Hasta de las de la poesía.

BERLÍN

Bicicletas por avenidas rectas
que parecían obedecer un metrónomo
escondido en el centro del mundo.
Caminar. Pastelerías. Mi amigo
de entonces, qué fue de él.
Estará en esas jaulas que fabrica
el tiempo. Era verano
aunque para el cielo no.
Luego está esa chica de pelo corto
que nos acompañó una noche
y juraría que me cogió de las manos
al llegar al hotel. La cerveza
brilla más ahora,
lejana como una ciudad árabe
salida del túnel de un sueño.
Digo Berlín y no siento nada.
Estaré muerto.
Enterrado por el camino.
Nadie es tan paciente para relatarse
como el que olvidó casi todo.

Las nubes eran polvo de mármol,
un chicle dejado al sol mil años,
un poema de Cavafis leído
en un atasco por alguien
que nunca nos conoció.

Fue un verano frío en Berlín. Fui con un amigo al que se lo tragó el tiempo. Puede que la chica del poema tampoco existiese nunca. Pero quedan las calles, las avenidas aplanadas por el hilo constante de las ruedas de las bicicletas. Y la noche alemana, confitura extensa de un sueño que nunca alcancé a comprender. Berlín es una palabra que significa imposibilidad. Una palabra que rueda por el tablero de mi vida en busca de jugadores consistentes que no teman a la derrota.

LOS DOMINIOS DE LA ESPERANZA

Los perfumados profetas de la autoayuda
no lo dicen, pero después de un día malo
llega otro que resulta peor.
Acudimos a la astrofísica para saber
cuándo saldrá el sol, siempre mañana,
como el que mete una moneda
en una tragaperras que el casino
hubiese colocado en el futuro.
Nadie tiene la culpa. Milton está muerto.
Bastante hizo en vida por sus paraísos.
Cuando pase, conviene abrir
un mapa del universo para buscarse
con el dedo. Esa mota no eres tú,
en todo caso el sol. Ya ves, las cosas
sobre el papel siempre engañan,
hasta las palabras de este poema
no tienen la suficiente musculatura
para gatear hacia ninguna verdad.

Uno tiende a pensar a veces que la esperanza se maneja como un Estado. Tiene fronteras, asambleas y sus propias ilusiones. Tiene una bandera que tejemos a diario. Qué dulces son las puntadas contra el vacío. Una mortaja que izar en los días de lluvia. Quizá este poema esté bañado en demasiada ironía, sentimiento que nos aleja de la humildad por esa pulsión rabiosa de descreernos. Me siento incapaz de extender mis comentarios sin que me meta en el jardín de lo ya escrito. Pido disculpas.

ZAPATOS

Universitarios con trencas corrían por mi calle
mientras mi abuelo se quitaba los zapatos muy despacio.
Julita, la viuda del ático, decía que hablaba con la Virgen
y le contaba los ríos de sangre que correrían de nuevo
por España. De todo ese tiempo lo que más recuerdo
es la imagen de mi abuelo descalzándose. El lomo negro
del cielo saliendo de su pie. Comenzaba a ser
un trabajo forzado y hasta podía ver la peana de hierro
que se iba formando en la base de su vida. Los que
                                             [corrían
por mi calle eran jóvenes y no tardarían tanto en
                                        [descalzarse
llegada la noche (para ellos una lámina de oro
sobre la frente del tiempo; para mi abuelo
el ámbar del último semáforo).

Mi abuelo estuvo en dos guerras. De pequeño le preguntaba siempre si había matado a alguien. Él alzaba la mano derecha como si estuviese espantando a una mosca imaginaria. Quizá sea eso la muerte y su recuerdo: un vuelo invisible que se mezcla con la sangre y produce intriga. Los zapatos de mi abuelo brillaban mucho, eso lo sé. Habría que retroceder en el tiempo y, acompañado por un grupo de peritos, atestiguar que fue así como sucedió. Todos aquellos chicos que corrían esponsorizados por la libertad y que al llegar la noche se descalzaban sin temor a la muerte (no como ya mi abuelo esperando al semáforo de la vida). Y, unos kilómetros más allá, un general dormido en la última página de un cuento.

PRECISIÓN DEL PORVENIR

En el revés de un mapa nos besamos
con la calma de sabernos fuera del mundo.
Había algo en esos labios, una certeza
que pendía como plomo en una fruta,
lo llamaría precisión del porvenir,
la punta de un diamante amaestrado
que guiaba estricto nuestros pasos.
El tiempo monta su cuadriga de plata
y nos adelanta como los coches caros
que conducen los reyes de las sombras.
Ahora vivimos en este suburbio
de la memoria, con sus estatuas rotas
y los borradores confusos que redactan
el verbo ser y sus secuaces, gigantes
que de tanto existir han olvidado
el eco de los besos dados, como el sonido
de los mapas antiguos al doblarse.

El amor, si lo miramos a la distancia adecuada, funciona como esas lentes giratorias de los optometristas. No figura en ningún mapa, solo en su reverso. Llega un día en que la nitidez es tan absoluta que lo abarcamos todo. El horizonte se vuelve un juego de sobremesa, algo manejable mientras hacemos la digestión. Por un momento nos convertimos en esclavos de esa precisión: porque nos ata al presente, porque se hace de su carne, porque nos sostiene contra el abismo. Esa exactitud un día se deshilacha y llega la tristeza con sus cántaros y los vierte por el pelo y por el paisaje que antes solíamos ver.

MUERTOS QUE ME MIRAN

Muertos que me miran
desde los estantes, como generales
de un ejército de libros.
En sillas blancas de playa
esperan ser llamados
por la ayudante del dentista.
Todo fue broma. Seguís aquí,
la vida es un tonto juego de puertas.
Hay una que sigue besando
a mi mujer. Su mano en el aire,
diciendo sálvame, algo imaginaba
del futuro. Producen cierta paz,
corrillos de sangre curiosa
en los cruces de las venas.
Mis muertos cotidianos son
fideos secos de una sopa
que hay que tragar sin importancia,
haciendo que el paladar continúe
su ficción de cielo intacto,
rey del ahora y sus estrellas
que ríen en la cola del tobogán.

Las fotografías escriben sus propios libros de Historia. Lo hacen desde un estante lleno de libros. Por eso esperan. Una mujer en la playa, a punto de finalizar el tour de la vida. Una silla de plástico. Las fotografías no se convierten en arte por la intención de quien estaba tomándolas, sino por la voluntad de quien las mira. Haz la prueba un día. Sal a la calle y trata de apresar un momento. Luego deberás volver a casa y esperar a que la poesía (alguna) lo cuente.

MADRID, A LAS TRES DE LA TARDE

Madrid, a las tres de la tarde,
en una calle
de mi biografía remota,
de esas en las que, consumada
la nostalgia, cuesta tanto respirar.
Y luego la primavera, con su
provinciano optimismo
de recién bajada de un tren.
Mi amigo estaba cansado.
Hasta la cerveza
se convirtió
en un trofeo inmerecido
que su mano soportaba.
Lo que nos hace el tiempo
tan despacio,
cirujano que opera a oscuras
y nos deja
a medio coser.
Hablamos de su madre muerta
y del mundo

que se fue con ella,
lo que decía Richard Ford,
esas palabras
que tantas tardes
engranaron.
Madrid,
a la hora siniestra
de una primavera no pedida,
flores para otros
que plantaron su casa
en el solar alquilado
de nuestra felicidad.

Dos amigos. Una ciudad. Una madre muerta. Las calles estaban sentadas en corro para escucharnos. Llegó la primavera. Estaba allí. Nos vio. El espacio se abrió como una madre para hacerle un hueco. Los amigos siguieron hablando. Entonces llegó el milagro. El instante de las pequeñas epifanías. Recordé lo que contaba Richard Ford en el libro que le escribió a su madre, el hueco que dejó al irse llevándose el mundo en el que el escritor/hijo había habitado. Los milagros caminan despacio con sus zapatos nuevos. No sabría explicarlo mejor. En un pestañeo caben varios. Luego no los ves. Las calles se levantan y vuelven a sus cosas. La primavera se queda sola dando cuerda a los pájaros. Lo que sobró de aquel día está en este poema.

El otro

Escribo poesía para saber cómo es el otro,
el que ni veo ni firma con mi nombre.
Lamento decir que no lo hago
pensando en los lectores, quienesquiera
que sean, ni si existen finalmente
más allá de esta ficción. Escribo
para poder abrir un libro y no ser yo,
ese que emite facturas y las paga,
el que se corta el pelo una vez al mes,
el que asiste al crecimiento de sus hijas
intrigado, y también al suyo propio,
más difuso, de una piedra que rueda abajo.
Escribo y espero. Alguien eligió
en mi honor un árbol muy pequeño.
Lo cortó e hizo papel. Discípulos
invisibles masticaron en silencio.

El sueño y la imposibilidad de ser otro se desvanecen a la vez cuando escribo. No me preguntes cómo sucede. Tampoco me preguntes cómo hace el océano para bailar por la noche. Habría que ser un barco para precisar un poco más. No soy ni barco ni poeta. Solo un hombre que escribe despacio y tiembla llegado algún adverbio comprometido. La luz también tiembla al escribir, pero por dentro. Un poema no deja de ser una excusa para demostrarnos algo. Luego se hace la luz. El lector la mastica en silencio creando la verdadera poesía.

LUIS ACEBES

FUE

algo menos de un segundo.
Sus ojos, cómo decirlo,
me llevaron
a cuando todo era más fácil,
selvas que ya no están,
viajes sobre una silla,
primaveras comestibles
jugando a que la sangre
tiene su propio Canal de Suez
y su día de inauguración
con niños que saludan
en la proa. Esas cosas
que uno no le dice a nadie
por miedo a que se rían,
pero que acabas escribiendo,
no sé por qué, un sábado
mientras esperas
a que tu hija vuelva
de un cumpleaños.
Todo eso

lo había puesto alguien
en sus ojos, alguien
que utilizó a mi hija
para hablarme.
Tiendas de campaña
sobre el cielo, largas
hileras, y almas
reconocibles
aguardando por fin
la fruta de su hora.

El verbo *ser* no funciona igual cuando tienes hijos. Yo tengo una que se llama Mireia. El poema vecino a estas palabras trata de nombrarla. A veces un tipo de misterio que no sabría reconocer la utiliza para decirme algo. Son sus ojos a lo lejos (el lejos de ahora mismo) lo que brilla ofreciendo la posibilidad de una respuesta. Pero no es tan fácil. No creas que por juntar ciertas palabras puedes formar un tren que te lleve a ese sitio que no aparece en ningún mapa. Padre e hija. Dos océanos que piden construir un canal. El verbo *ser* es el más escuálido cuando lo tratas de frente como si fuera un igual. Solo es arena que se escurre.

BARCELONA

Barcelona era
una amiga con mar
aquellos años.
Un apartamento
diminuto
con libros
que me dejaban pasar
cuando iba a la cocina.
Qué tiempo
—visto ahora
que soy
un arrendatario vulgar
de primaveras,
el avaro que sale
de la discoteca
dispuesto
a tirarse al vacío
de la última carne
abierta—.
Había un colmado,
justo enfrente.

Colgaban los fuets
en el escaparate
y yo los compraba
como espadas
para defender
mi mundo raro.
Barcelona era
cruzar la Diagonal
de noche, contando
pasos. La sombra,
el eco y yo, tres
solitarios, tres
extraños
sin ciudad
que caminaban.
Ahora
veo al de antes
y pienso
que aquellos días
se fueron a vivir
donde esas luces,
una ciudad dormitorio
de casas tristes
donde acaba
lo que se escapa
en el aire
cuando cierro
la mano.

Luis Acebes

Llegas a una ciudad nueva. Hay muchas canciones que hablan de cosas así. El chico nuevo con su maleta vieja. Las canciones no tratan de comprometerte con aquel que fuiste. Funcionan como chinchetas en un mapa. Estuviste aquí, dicen. Quizá no haga falta más información. Una vez estuve en Barcelona. Viví, comí, sentí. El mar andaba cerca, pero no tanto como para llamarme. Era un dedo azul sobre el horizonte. Y sobre él se fueron sedimentando los días, creando estratos que los arqueólogos aficionados de las palabras suelen rastrear en sus excavaciones. Somos el aire que queda cuando cerramos la mano.

PERIÓDICO

Como si hiciera un periódico de mí
en el que atrapar el tiempo.
Hablaría de cómo te estás yendo,
noviembre, a lo dama
de cine negro
que aprovecha las dudas de la luz
para partir. Contaría
el ladrido de los perros
y los guisos que he comido.
El calor apático
de este invierno que no muere
y mi sensación parcial de soldado
que aguarda amaneceres
en las tripas de un caballo.
Troya somos todos
si se pudiera ver el corazón
por dentro, bajo una luz
que nada quite ni ponga.
Diría, sí, esta es mi vida,
lo dice aquí, junto al anuncio

de una casa frente al mar,
una caja de cerillas blanca
en la que aseguran
que las damas del cine negro
no se van
porque la luz nunca duda.

Luis Acebes

Ojalá se pudiese atravesar el tiempo a lo ancho. Saltar de un noviembre a otro por el atajo. Imagina que un año es una cinta de seda blanca. Extiéndela en el suelo y coloca otras iguales a su lado. Puede que sigas el camino con el dedo. No te culpo. En mi caso suelo usar las zancadas torpes de las palabras para ir a mi aire. Mi propia Troya, esa guerra infinita que libramos todos contra el tiempo. Noviembre es un mes como otro cualquiera, a menos que le saques una foto cuando está distraído con las nubes o pensando cómo será su siguiente vez en la Tierra.

Colección

Si mi colección
de noches oscuras
es como la de otros,
no lo sé.
Hay estudios detallados
sobre hábitos alimenticios
en varones urbanos
de entre treinta
y cuarenta y cinco años.
El mundo está lleno
de información. Escaparates
y escaparates
llenos de perros con carteles
en los que pone «perro».
O manzanas.
O el tiempo
que dedicamos al vacío.
Lo que no abunda
es el conocimiento
sobre nuestra humanidad,

esa leve muesca que repite
a ratos un nombre.
No sabemos
nada del tiempo
que nos es dado,
pero nos sentamos
y lo forramos
como si no fuera
un libro prestado,
con esa fe vaga
con la que la costumbre
nos convence al oído
de su propia eternidad.

El tiempo no cabe en una mano ni en una botella ni en ningún libro. Su espesor se acerca a lo inmenso, aunque luego al irse adelgace y nos engañe. Una colección de días cabe enrollada en una pestaña y no por ello pierde eternidad. Sé que es un lío. El poema colindante habla con mucha torpeza de este tipo de fenómenos. No me hagas mucho caso. Haz como yo, aparenta naturalidad. Entra y sal silbando.

Cónclave

Miradlo, con su cónclave
de azules predispuestos
a ensanchar el diccionario.
Y yo aquí abajo, preso
en el disfraz acrílico
de lo tan triste
sin motivo.
Cuánto desperdicio,
esas migas arrojadas
al aire
para unos pájaros
que no son
de este mundo.
Y la voz incandescente,
fastidiosa
que incendia cada día
el único hospital
donde seguir vivo.
Debería dirigirme el grito,
apuntarme bien

para no olvidar
el nombre
de quien consintió
o lo hizo.

Hablar del cielo resulta comprometido. Sobe todo si uno no es san Agustín ni Milton. Hablar del cielo nos deja con demasiado barro en la boca. Finalmente tenemos que recurrir a los lugares comunes: el azul en toda su genealogía, el profundo hueco azul del cielo y todos esos pájaros haciéndole punto de cruz sin que se dé cuenta, cosiéndole la boca para que los que estamos aquí abajo podamos levantar la cabeza y disfrutar. El hospital diario en el que tratamos de curarnos.

NOCTURNO DEL 4

Una bombilla entre las nubes
encendida para mí.
Aunque no como regalo, tal vez
deberes de verano: repasar
el trozo de mi vida
que se escapa.
Su luz blanca
se abre paso cuesta abajo
por la curva sagrada de la montaña.
La casa está cerca de un cementerio,
tapias blancas y palmeras enanas.
Los dormidos respiran
el malestar por la ausencia,
mientras la tierra se comba
recordando.
Pasan los últimos coches, hileras
de caramelo rojo
bajo la lengua de la noche.

Fuerteventura. Verano. El aire sonaba como un nocturno de Chopin. Diré más. El poema trata de dos manos muy grandes que palmearon la tierra hasta hacerla temblar. También había un unicornio hinchable en la piscina. Ya no recuerdo si todo eso sale en el poema. Busca en una de sus esquinas. Puede que siga ahí, orgulloso de retener un aire de 2016 dentro, como cualquiera de nosotros se enorgullecería de que su sangre madurase como el vino. Cuando salíamos a cenar dejábamos la luz de la cocina encendida para saber cuál era luego nuestra casa, cuando la oscuridad se lo ponía todo en su garganta.

La tienda de lágrimas

A veces, cuando mi esperanza
toma la forma de una pista
de coches de choque, me acerco
a la tienda de lágrimas.
Voy con mi frasco casi lleno
y la dependienta las calibra.
Son del diez, me dice
desde su tristeza amaestrada,
aunque parece que tengan
plomo en la base. Vea qué gravedad.
No sé con qué sustancia las mezcla,
pero al hacerlo se convierten
en espectadoras de un circo
con un oso que escribe polinomios
en una pizarra y todos se asombran
menos ellas, que miran a otro lado
con cara de claustrofobia
echando de menos pájaros
y hojas secas por el cielo.
Cuando son así no me da nada

por mis lágrimas. He de volver
a casa a fabricar otras más salinas
o más dulces o más dispuestas
a olvidar el mecanismo de la vida.
El encargado me dijo un día:
«Deje de leer a Zagajewski, vea
programas de risa». Como si
fuese tan fácil alejarse
de ese enchufe de piedra
en el que mi sangre me imagina
posando al fin los dedos.

Luis Acebes

La tristeza es un vicio, sobre todo la que resulta más luminosa. Hay un placer en su cuesta abajo, como una señal para inocentes. La tristeza es un camino como otro cualquiera. Tiene sus árboles y sus casas a los lados que al anochecer suenan a violín. Hay un oso en una pizarra resolviendo problemas matemáticos. Quizá sea yo. Quizá una metáfora de la ingenuidad del simple acto de la escritura. Creo que ya he dado muchas pistas sobre la identidad de este poema. Ahora tienes que sacar tu juego de cuchillos y ver lo que tiene dentro. No temas si te manchas. La belleza tiene su propia carnicería detrás de cada milagro.

COCINAS ALEMANAS

Un hombre
entra en una tienda
de cocinas alemanas.
Desliza los dedos
por las superficies:
aviones que aterrizan
en un país en calma.
Una mujer, a lo lejos,
despliega las alas
de su simpatía comercial.
—¿Le apetece un café?
—Muchas gracias —dice él.
La dependienta le habla
de tiradores, de calidades.
Su voz nació en un libro
vacío y muy bien maquetado.
Abre
cajones silenciosos.
La cocina de un monasterio
de ricos. Niños con capas blancas

llevando platos. Así
será el futuro.
Ella no sabe que entró
para no comprar nada.
—¿Y entonces?
—Solo quería esconderme —diría él.
—¿De quién?
—De la vida.

Jugar a ser otro en una tienda de cocinas alemanas. De eso trata este poema. De eso y de un hombre que juega a que su mano es un avión que aterriza una tarde de invierno sobre una encimera. Sé que el escenario no resulta muy poético a simple vista. De ahí la necesidad de escribirlo como si fuese la escena de una película. Es la historia breve de un hombre que se aburre de ser quien es y entra en una tienda de cocinas. Lo que pasó allí dentro viene pasando hace miles de años en cualquier lugar.

Aunque llegue tarde

No te enfades.
Te lo tenían que haber dicho al nacer.
La vida es una broma.

Con pan y aviones,
pero una broma.

Este poema llegó un día en un tren, aunque hable de aviones. Barcelona quedaba atrás. Había hablado con mi hija mayor de ciertas cosas que ahora mismo sería incapaz de recordar. Imaginé algo que escribir en esa lápida que todo padre sueña dejar a su hija. Un manojo de palabras para viajar a una especie de posteridad de andar por casa. Quizá la naturaleza de ese vínculo no dé para más, como esas comunicaciones con dos envases de yogur unidos por un hilo.

Otoño suave catalán

Me mandas una foto:
mesa y cuatro sillas, el sol
protegiéndolo todo como
una *nurse* aplicada
y devota de esa fragilidad
de ciertos días de octubre.
Te confieso
mi envidia a distancia, un hilo
pésimo para telegrafías
aunque hecho
del bronce de las batallas.
Me dices que no lleve
mucha ropa. Duermo con edredón
pero ahora voy en manga corta.
Y te imagino
caminando a casa
por esas calles altas
de Barcelona, obedeciendo
tu ansia de mar, una gravedad
salina que lo puede todo,

incluso esta distancia
entre los dos, tan difícil
de adivinar como esos problemas
de trenes que salen de un lugar
y se cruzan.
El sol te acuna
con su eléctrica alegría
y yo desde aquí solo puedo
animar a este atajo de palabras
a que te nombren
por dentro y tu luz
no se calme nunca.

Otra vez mi hija Alba. La distancia me ordenó escribir este poema. Al otro lado estaba ella en medio de un otoño dulce y manejable. Las cosas que le escribe un padre a una hija deberían quedar suspendidas en la propia intimidad, pero luego llega el ansia de que no mueran, la condena de sentir que pueden resistir el paso del tiempo sin que su escoba las meta bajo una alfombra. El resultado es este. Ahora te pertenece a ti. Y la escoba. Y la decisión de elegir dónde acabarán metidas.

SERÁ

Como levantar la aguja del tocadiscos
y que continúe el insecto del tiempo
prendido del silencio, en su melena
larga como el aullido del verano
remando por tu sangre, un *hooligan*
gordo y tatuado que, sin embargo,
leyó a poetas isabelinos y vomitó
zafio todo ese oro en tus zapatos.
Lo podrás oír, sí, pero ya no será tuyo,
solo el eco azul de lo sembrado
en los surcos luminosos. También
puedes pensar en un avión despegando:
Johannesburgo cabe ahora en un folio
que dejas en el suelo. Eres el niño
que se cansó de jugar y entra
de puntillas en el sueño: sonrojado,
atónito y feliz, aunque confundido.
Quizá todo esto sea simplemente
la piel resbaladiza de una conjetura

y resulte más duro, más amargo, tenso,
quién sabe, desmedido, decrépito
o mudo.

De nuevo el verbo *ser* metido en la batidora mágica. ¿Qué pretendía conseguir? Este poema habla de muerte y de esperanza y del recuerdo de un viaje a Johannesburgo. Si eres de esos cirujanos curiosos que sueñan descubrir lo que lleva dentro un poema, adelante. Saca brillo a tu instrumental. Tumba estas palabras en la mesa de tu cocina y mira a ver lo que consigues. Yo lo intenté en la mía. Quizá la luz fue insuficiente, o mis manos temblorosas que nunca fueron llamadas a tales experimentos. O quédate con la música frágil de las intenciones y deja que el poema te diga lo que tenga que decirte.

Agosto

Me diste las primeras moras
de tu mano, como si fuese un ciervo
al que curar en el jardín. El sol
parecía cuadrado de tan denso,
un pañuelo de piedra para las lágrimas.
Corrieron los días y sus horas
en la escuela transparente del amor,
abrazados, sin pijama, ignorantes
de la gracia recibida, pero aun así
atentos a los ojos del otro: camareros
viejos que desde una esquina
acuden a la señal y despliegan
las alas dulces de su atención.
Todo eso y más que no recuerdo
pasó ese agosto, mes que ahora
suena a princesa embalsamada,
a canción que no quiere salir
de la boca por miedo a que el aire
la desmienta de pura envidia.
Me diste la crema de tu calma

envuelta en un silencio
de confitería que ya no existe,
de misa escuchada por la radio
un día de lluvia en una provincia
tan pequeña que el mundo la olvidó.
Pero ahora tenemos que ganarle,
no otorgar podios ni coronas.
Decirle a la cara: vendrán mejores,
más altos, más ardientes, con moras
y amor de sobra para los dos.

Ningún amor es igual. Todos lo son. Estoy aquí para contarte uno que sucedió en agosto, aunque si no recuerdo mal ya en ese mes solo era el ruido que hacen las cosas cuando se van. No he inventado nada. Alguien conoce a alguien. El primer alguien se llena de ese bálsamo extremo que facilita la navegación de la sangre. El segundo alguien asiste al evento desganado, pero también halagado en su vanidad. El corazón del poema debería latir ahí. El resto es escenario, guarnición, impostura.

Justicia amorosa

vistos desde aquí
fuimos el lanzador de cuchillos
y la chica rubia con trenzas
girando atada en una rueda
el que ama siempre espera el filo
y me tocó a mí (ya ves)
temblar ante tu mala puntería
y es que la vida es así
y nadie paga por ver
cuchillos de goma
lanzados a una rubia travestida
que muere de amor
entiéndeme
la rubia fui yo sin saberlo
supongo que el destino
me puso ahí como pago
a aquellas otras veces
en que ejercí de turco vanidoso
lanzador de filos a alguien
que nunca mereció

Este poema habla de algo que no existe, y lo hace consciente del propio bochorno. De ahí la trama de los lanzadores de cuchillos. Supongo que construí un decorado para desangrarme y me subí voluntariamente a él. Para eso sirve la poesía, dirán los descreídos. Puede que acierten. Para eso y para recordar que un día estuviste allí arriba. Y para que no desprecies todo lo que pasó antes. La dignidad es un barniz comestible que viene después. Mucho después.

El desorden de las sombras

Quien vino para irse
se acabó llevando
la matriz de la tierra
en el bolsillo. Piensa despacio
en lo que acabas de leer.
En muchos casos, el poema
debería terminar aquí.
Y no acudas a nadie.
No hay un cuerpo de policía
de lo invisible, ni ventanillas
por las que la justicia asome
el ansiado brillo de su melena.
Vino para romper tu vida.
Para abrir tus armarios y tirar
los trajes de lo que fuiste:
el de payaso confiado, el de
buzo antiguo del amor
y todos tus disfraces.
Tu pánico no cabe ahora
en ningún Bach. Tampoco

en el pegajoso filo de la esperanza.
Llegó para desbaratar tu ejército
de sombras. Repítetelo
frente al espejo
cuando una mañana no puedas
más y sientas que los líquidos
de la vida coagularon
en el laberinto de su ausencia.
Pero no le pidas más pan
a su recuerdo. Algo debe morir
siempre
para que nazca otra cosa.

LUIS ACEBES

Pedirle explicaciones al amor es como pedírselas a una tormenta. Resulta absurdo y ciertamente de mal gusto pasarle facturas a una sombra. Pero lo hacemos. Constantemente. Mira a tu alrededor. Mírate a ti, esos ojos de espeleólogo buscando respuestas en este libro. ¿A quién queremos engañar? Lo único serio que se puede hacer con el amor que se fue y las tormentas que siguieron el mismo camino es recordarlas un día después de comer, como se recuerda a esos amigos del colegio que nos amedrantaron a los seis años. Que el tiempo les convierta en bizcocho negro, aunque ya lo serán.

Háblame de hoy

No me hagas decir que la luna
juega a ser estanque con piedras
que ella misma se arroja
como morfina para su soledad.
Tampoco quiero himnos
ni flores que la arrogancia
te mande bajo un nombre falso.
Ya desistí. Desistimos.
Te obedecí y me hice río
que tu dedo curioso
recorre ahora sobre un mapa.
Todas las canciones sirven
para decir adiós sin gritar,
dejando la puerta del corazón
levemente entornada.
Vendrá el marzo de los pies
oxidados, y los meses
que le sigan por su propia
voluntad, cantando bajito
para no desmerecer

la mecánica del duelo.
Se trata de avanzar. Lo dicen
las estrellas pusilánimes
que se dejan caer al patio
en el que fumo. Y también
la rabia azul de la espera
peinando cada hora
junto al hueco que heredé.
Todo eso está muy bien.
La vida girará con sus monedas.
Nuestras pieles serán campo
para nuevos frutos de presteza,
y otros pájaros vendrán
a una cena inesperada
en honor al reciente dos.
Pero ahora, por favor,
háblame de hoy.

El desamor y sus demandas. ¿A quién le pedía que me hablase? ¿Por qué tenía que ser ese hoy que los calendarios se han tragado? Resulta tierno volver la vista atrás. El tiempo le resta drama a casi todo. Imagina que vas conduciendo y crees haber atropellado a un cervatillo y cuando paras descubres que no lo hiciste, que aquel animal tenía una luz en los ojos que te reconfortó con la vida. Pasa algo parecido con estas cosas. Los ajustes de cuentas son imposibles. Lo desamado desamado está. Aunque es hermoso sentarse de vez en cuando ante una chimenea a recordar.

Tú y los días perfectos

Fui a ver al mago de los días perfectos,
a su casa brillante de las afueras.
Bebí con él su té de las reconciliaciones.
Sé que te vas a reír. ¿Quién visitaría
al mago de los días perfectos en Año Nuevo
pudiendo dormir como todos,
dentro del desierto de unas sábanas?
Le conté un poco el ajedrez de nuestro amor.
Tus alfiles necios dando la vida por su rey
y el populismo de mis peones que, borrachos
de luz, avanzaban silbando hacia la muerte.
De vuelta a casa comprendí el pasado.
La intermitencia de los semáforos me habló
de los huecos con los que construimos
eso que llamamos lo nuestro y no lo es.
Tenemos el aire de enero en este ahora
y unas mustias cuerdas de guitarra
y los celos que trabajamos a cincel
y esa chimenea que no pintará
de naranja cadmio nuestros corazones

y este silencio de almíbar en lata
que se cree océano y solo es jugo
de lo que cierto día quisimos ser.

Toda la perfección que no existe se la pedimos a un amor. Y somos obstinados en la demanda. Es como si estuviésemos pintando un retrato a alguien que nunca se queda quieto. Desesperante y hermoso. Los días perfectos son miniaturas de barco que no caben en ninguna botella. Días sin semáforos. Lo sabemos después, tras el naufragio, tras el ímpetu de las olas que nos zarandearon. Luego viene la calma, el tiempo de contarnos. Mira, pasó esto y esto otro. Por un momento sentí que aquel día no tenía aristas. Al pasar las yemas de mis dedos fui testigo de lo que hablan tantos poemas. ¿Fue así? La idealización trabaja siempre por su cuenta.

Esa luz nueva

Soy el que fuma despacio en la ventana.
El tiempo de las bromas pasó. Ahora
el reguero azul del tiempo me limita
y dibuja torpe mi contorno. Qué será
de los días apilados por delante. Traerán
la cuenta o quizá labios de actriz
francesa para decir que todo terminó.
El amor parece casi un café instantáneo
que remover con la vista perdida.
Perdón. Ya no sé escribir poemas. Ahora
es otro el que se empeña
tirando de mi mano escaleras arriba
hacia esa luz que promete nueva.

Debería estar prohibido escribir poemas de amor. Si no prohibido, sí regulado. Que todos los versos pasasen por un tribunal justo, que allí les quitaran dulzura o acidez, que hubiese una máquina que al pasar tramitara la rabia. No sé. Escribir poemas de amor resulta insultante para el vencedor e infame para el que cree haber perdido. Tiene que pasar mucho tiempo para descubrir que la guerra quedó en tablas, que amante y amado no fueron más que dos marionetas que buscaban calor. Y, sin embargo, el mundo está repleto de poemas amorosos. Nacen como esas flores que se cuelan por las rendijas de las baldosas buscando el sol.

LUIS ACEBES

Funciona así

Con el motor del día
aún apagado quiero
que sepas algo.
Los amantes hablan
en la cama y se dicen
dulzuras al oído y se
mienten sabiendo que
lo dicho quedará
para siempre
en la cárcel
de las sábanas.
Pero desconocen
que uno suele
ganar en memoria
al otro. En eso
o en falta de fe,
o en algo tibio
para lo que nunca
hay nombre. Está
el atolondrado

y la perspicaz.
O la ingenua
y el que graba
su silencio
en la piedra
del tiempo
con un cincel
de punta amarga.

Confesiones. Reproches. Alabanzas. La caja negra del corazón tiene toda la información de sus desgracias. Lo malo es que no sabemos interpretarlas. Queremos justicia en un asunto que no la conoce. ¿Le pedirías justicia al mar? Entonces, ¿qué hacemos aquí, temblorosos y afligidos, implorando algo que no está en la mano de nadie? Saber cómo funciona no nos ofrece ninguna garantía extra. Llegará otro amor y nos condenará. Llegará otro amor y nos redimirá. El camino es largo. Las palabras (tantas veces) son muy cortas.

Kenny

Mientras todo esto pasa, Kenny Rogers
sigue cantando en Las Vegas, vestido de negro,
con una barba blanca muy cuidada. Y parece
contento. Los mismos trémolos en We've got
tonight y el truco de que salga Sheena Easton
en la segunda estrofa.
Mientras todo esto pasa (hablo del miércoles
que tengo delante y que en esta parte de Madrid
tan poco importa) Kenny Rogers sigue a lo suyo.
Doy gracias por ello, por su chaleco negro
y esa cosa de cohete casero (nuestras vidas)
que parece seguir defendiendo.
Si no me crees, entra en YouTube. Verás
que en las cosas importantes nunca miento.

He soñado muchas veces que era él. La voz de Kenny Rogers arrastra el poso de miles de huracanes. Por eso es tan grave y a la vez tan tierna. Dan ganas de montar a caballo cuando le escuchas. Dan ganas de dormir bajo las estrellas y luego hacer café. Tenemos esta noche, dice la canción. No pidamos más. Tenemos más de lo necesario para empezar una y mil veces a vivir. Quizá llegue el momento en que entendamos algo, o todo. Mientras tanto cantemos.

COMEDOR CON VISTAS A UN BOSQUE

Ya sé que la tristeza es una franquicia.
O si no míralos comiendo, el uno frente al otro.
Él ojea la prensa gratuita. Ella, anémica de amor,
maldice estos días de su vida con bosque al fondo.
En qué casilla de Excel se contabilizará todo esto,
tanto retrogusto a óxido, etc. Lástima que Eva
no eligiera kiwi o un puñetero plátano.
Un día aparecerá el camión gris de la muerte,
ese del que hablaba Dámaso Alonso, nos cargará
silbando y el comedor se llenará de otros.

Yo estaba allí. Estuve algunos años trabajando en aquel edificio con vistas a un bosque. Calenté mi comida en uno de aquellos microondas. Los vi. Vi cómo comían en invierno. Era como una película. Ellos podemos ser todos. Me incluyo. Podías ser tú esperando algo, una palabra, una explicación, una luz. Somos profesionales de la espera. La elevamos a categoría artística. Esperamos. Amar es soñar con ese comienzo que le dé sentido a lo que hacemos. Ponemos en el otro lo que no somos capaces de sacar de nosotros. La vida es ese comedor con vistas a un bosque.

LUIS ACEBES

AHORA

Debe oler bien el campo ahora.
La exactitud de los frutos
planeando alrededor del deseo
como la punta de un diamante.
Te imagino alegre
y con el calzado adecuado. Vas
con uvas en la mano y te da el sol.
Podrías optar a madonna de Giotto
con botas de agua y cabello negro.
Lo que sé de ti es muy poco.
Sé que estás lejos y que te quiero.
También lo de las ardillas
y tu curiosa disposición de péndulo
al que sigo con obediencia.
Olerá bien el aire entre las viñas
jugando a sus premoniciones:
cantad, mañana seréis vino. Y yo,
qué seré contigo, en qué
devendré bajo tu sombra

cuando todo sean sarmientos
y seamos dueños del eco de oro
de lo que se fue.

Otra vez una canción. Alguien que recogía uvas y daba de comer a las ardillas. Creo que este libro se podría cantar si alguien tuviese la suficiente paciencia. Yo no la tengo. Las palabras salen como salen. Ellas mismas se ordenan como si fuese un juego. Muchas veces el amor lo es. Uno un tanto suicida e inocente que nos lanza a descubrir. Haber amado suena muy dulce con el tiempo. Yo te puse ahí. Te disfracé de ti. Te di vida. ¿Todo eso me habilita para pedirte explicaciones? Hay poemas que tratan de llegar a donde no pudimos. Pequeños escaladores de lo imposible, mal vestidos y equipados, que al llegar a su destinatario parece que quieran dar lástima. Lo mejor es que nunca llegue.

ANOCHE

Descubrir tu piel por dentro
anoche. Viajar por ti.
Los ojos cerrados. Tu sabor
llevándome de la mano.
Jericós desconocidas
que de pronto me abrían
las puertas
con flores naciendo
de la nada. Océanos
que caben en un poro,
así suena tu nombre.
Selvas.
Montañas.
Temblar.
Todos los mapas.
El deseo me atravesó
con la aguja de lo nuevo.
Al lado de tu cama dejo
doblada mi piel antigua.
Tírala

junto con lo que quedó
en los ceniceros.
La recién estrenada
la puse dentro de ti.

LUIS ACEBES

El género de la poesía de alcoba tiene una gran tradición. Trata de inmortalizar algo que de tan sabido da un poco de repulsión. La intimidad vista desde fuera produce cierta grima, ¿verdad? Es como estar en el quirófano en el que están operando a alguien que conoces. Toda esa sangre, los tubos, la distancia profesional de los que rodean el cuerpo. Y tú allí. Lo mejor de este tipo de poemas es recordarnos que esos momentos existen desde fuera. Salir de ti para verte. Incluso pedir cierta objetividad en el baile de dos cuerpos que se aman.

La gota fría

A las seis llega la gota fría, dijiste
con el dedo apuntando al cielo
y esa ropa de estar en casa
que te da por comprar en el chino.
Parecías un atleta viejo, extraviado
de una comitiva olímpica
que te olvidó. Quizá la vejez
juegue a eso con cada uno
de nosotros, libérrimos ángeles
de la franja media del mundo.
Tomamos refrescos sin cafeína
en la terraza. Las nubes iban
atropellándose unas a otras,
cocinando esmeradas tu profecía.
Luego me hablaste de Dios y
de la muerte, el reverso
de una tarjeta que la vida
va girando en pos de cierta
física de la resignación.
Yo estuve torpe. Salté

perorando una fe verdadera,
alejada del espíritu promocional
de la vida eterna: bondad
a cambio de un buen asiento.
Quién soy yo. Nos separan
treinta y dos años en los que
fui ciego a quién y cómo eras.
Me perdí tu infancia. A cambio
me dio por imaginarla vanamente
en algunos versos alquilados.
Ya en casa, viendo el capítulo
de una serie inglesa, comenzó
a llover. La gota esa que decías
multiplicó su rabia en la boca
cansada de la noche. Somos
como las copas de los árboles,
zarandeados por la inminencia.
Y volví, casi como el que reza,
a pensar en ti, en lo que harías:
tu mano separando una cortina,
ya en pijama, quizá sintiendo
que Dios tampoco creció
y sigue hablando con tormentas
e hijos que no hacen más
que matar a sus padres
con dagas de plástico que ningún
general romano osaría empuñar.

Fui a ver a mi padre. Este poema es tan narrativo que tengo la sensación de no poder aportar mucho más de lo que está escrito. Solo decirte que tú también tienes un padre, y que muchos días irás o habrás ido a verle. Es extraño cómo funcionan estas cosas. La comodidad y la incomodidad. Esos silencios. Los trozos que querrías rellenar de algo mágico. Tu esperanza infantil en las epifanías. Todo eso junto y revuelto. Dicen que la madurez consiste en no pedir más de lo que nos dan. Me estoy quitando de los imposibles, parece que dice este poema. Sin embargo, me deja en la boca un sabor contrario. Quizá soy un profesional de lo que nunca acaba de llegar. Por eso escribo.

Un amigo

Un amigo me regala
libros necesarios hace tiempo.
Sus dedos,
del tacto de una hoja de tabaco,
me los tienden en silencio.
Gracias a él he aprendido
a separar la sal de sodio
del perfume que le ponen al jabón.
La lectura como viaje
y a la vez compañera: su mano
de papel llamando a la calma,
agitada en el aire cada día.
Aprendió observando la lluvia,
supongo, o del ritmo
que le dice su alma
cuando antes de acostarse
la pliega en cuatro.
La sal de sodio
disuelve la grasa,
como hace la alegría

con las tierras
que quema la tristeza.
Química del amor
podría llamarse,
aunque sería ridículo
quedarse solo en conclusiones,
ese jaleo torpe
que montan las palabras
cuando creen haber cumplido
su misión.

Tengo un amigo que abre libros para mí. Con su dedo me lleva a una palabra y luego salta a otra. Todo esto se produce en silencio, claro. No es que pase así. Sé que no me estoy explicando bien. Los que tengan un amigo lo entenderán. Te sientas, escuchas, hablas. Se va formando un río de oro. Ya sé, dirás que quién soy yo para asegurar que exista tal río. No hace falta que cierres los ojos y lo imagines. Me refiero a ese oro que no existe. Tengo un amigo que siempre me propone viajes a lo que no conozco. Es un minorista que solo trabaja para mí. Así me hacen sentir sus servicios. Porque la amistad los tiene. Actos de servicio que nunca podremos pagar del todo.

Valdemarín, temprano

Cuesta abajo, hacia la mancha de Turner
del amanecer, detrás de esos árboles
que nunca he logrado nombrar por miedo
al desvanecimiento de su masa, un
«así no vale, nos pillaste, no jugamos»
que me enfrente a la sierra dentada
de la luz dispuesta a saquear el cuadro.
Madrid hace muecas y se retuerce
un día más, cansada o cansado
(sigo sin saber el sexo de esta ciudad)
de soportar con alambres la esperanza
que cada uno le entrega, guardarropa
insensato que se traga la ficha ante ti.
Hacen bien esos hombres que corren
hacia el otro lado, envueltos en licra
y en su rotunda ambición de no morir.

Tuve una casa en un barrio en el que muchas mañanas de verano escuchaba los aspersores al despertar. Había una extraña belleza en esa quietud. Paseaba mucho por esas calles desiertas. Era la parte del tablero en la que parece que pasen pocas cosas, y sin embargo sucedían. Si estabas atento podías ver los engranajes de la vida en movimiento. Era como salir de pesca. La paciencia es un músculo. Solo tenía que esperar la hora propicia. Un hombre corriendo contra la muerte. La muerte corriendo detrás, emboscada en otra presencia indescifrable. Y por encima de nosotros un cielo que ni ponía ni quitaba rey.

EL DESFILE OSCURO

Me dices que el desfile oscuro
cruza tu ventana, de nuevo.
Es martes y sientes —vaya
por Dios— que no hay pájaros
para tanto cielo. Han pasado
los años y aún no sabes
cómo aprender a estar aquí,
vivir como hacen los animales,
con esa gracia sencilla
del que no cuenta las horas
porque todas valen, algo
hipotético en tu caso —permíteme
decirte, bailarín anticuado, rémora
de un mundo que nunca
te prometió nada—. No pidas cuentas,
no juzgues el ritmo
con el que marcha el tiempo,
las horas, estos martes de desfiles
que pasan con muertos en brazos

por el medio de tu calle
hasta que decidas —hazme caso—
volver a vivir.

La poesía es una herramienta como otra cualquiera para desdoblarnos. Muchas veces la utilizo para salir de mí y decirme lo que nunca me digo. Todos protagonizamos desfiles oscuros, ya sea como espectadores o actores uniformados. Este poema trata de eso, de ver pasar los años, los días, los momentos. Acercar la oreja y descubrir el ruido que hacen, lo que callan, lo que musitan entre dientes. Es bueno ser dos a veces. El que llora y el que se ríe de esas lágrimas. El poema nos permite habitar por un instante esa bipolaridad que suena a remanso.

Observación de un martes

Tienes razón con lo que dices del pasado
en esa carta que nunca me envías. Es
como tomar sopa fría mientras alguien
te apunta en la sien con una pistola.
Lo pensaba ahora en el jardín mientras
daba patadas a esa pelota de la Eurocopa
que regalaban en Hipercor hace años.
Las tardes de otoño saben lo que hacen,
se inclinan como naves nupciales
que llevasen reinas muertas por el Nilo.
La memoria hace lo que puede y más,
es lo malo, ese prurito nos destroza.

La memoria es un órgano ajeno a nuestra voluntad. Recordar es un acto ingrato. Lo hacemos constantemente. Buscamos ordenar, dar sentido, fijar, limpiar. Somos profundamente inocentes. Creemos en el orden. Le pedimos a la memoria el rigor de una ciencia. Puede que nos hayamos malacostumbrado con tantas ficciones. Presentación, nudo y desenlace. El asesino aparecerá en el último minuto. Es como ver la película de nuestra vida sentados con las manos enlazadas. Es ingenuo todo lo relacionado con recordar. Saberlo no nos quita de hacerlo. Otra vez con esa piedra montaña arriba, Sísifos aficionados, seres con muy poca mitología que le piden rigor a todos los granos de tierra de un desierto.

LUIS ACEBES

TÍMIDO BAILE

El tímido baile de una copa después de tanto tiempo.
Una presencia que investigas para saber si es amistad,
y si sí dónde ponerla, en el altar de las cosas perdidas
que cada equis años limpias solemne con un trapo.

El sol aventurero te calentaba los brazos. De refilón
la cara. Escuchabas. Escuchar es un oficio de tímidos,
o de locos que recogen flores en su cabeza pensando:
si muriésemos juntos, de doce en doce, como ellas.

Qué más dará lo que nos hizo el tiempo, los gráficos
ilustrados de la navegación, las aventuras desiertas,
o cuando mendigábamos monedas de amor sin saber
que el 99 % de las huchas tienen forma de cerdo.

Vivir es bailar una música desconocida. A veces incluso cuando no la hay y la inventamos. Mapas en blanco. Días que recuerdan a continentes que no existen. La costumbre hace que lo veamos normal. Para aliviarnos le pusimos nombre a los días y a las estaciones. Niños que juegan con el tiempo. Bailar es un antídoto contra la muerte. El movimiento de nuestros cuerpos expresa una voluntad de permanecer. Y nos convertimos en dioses por un día. Es divertido vivir todas las vidas que propone un poema.

MALA SUERTE

Coincidimos muchos días en el tren. Él es grande
y alto y lleva chándales de esos que brillan.
Le acompaña una muñeca rara que no para
de hablar. Él se encarga de su billete en la máquina.
Le dice venga, pasa, y se lo dice con cariño
porque en el fondo sabe que vive con una muñeca.
Jamás ningún director de cine contará su historia.
Y además han tenido mala suerte conmigo,
poeta tan pequeño o más que ella, un inepto,
un manazas que no sabe ni encender
la tejedora de las canciones de amor.

Se podría haber llamado «La pareja del tren». Podría haber tenido cualquiera de nuestros nombres. Este poema no requiere muchas explicaciones. Guardemos silencio. Seamos uno de ellos. El hombre grande. La muñeca pequeña. Incluso el tren que nos llevaba. Yo elegí ser el que lo contaba. Nadie me lo pidió, aunque a veces crea que sí, que alguien me pidió unas palabras rápidas para que esos dos seres firmaran su presencia en el mundo. Fueron un espejo en el que verme. Uno prestado y pequeño que refleja lo que más nos cuesta ver.

La luz no es de nadie

Asómate al hueco sin temblar.
Eres esa ausencia
que ni las palabras rozan.
Ahora ya puedes seguir con tu vida.
Planea como el avión
que tú mismo hicieras un día,
sonámbulo y necio,
a la espera del mañana.
Ya ves, resulta que es hoy.
No te rindas. En ese hueco
cabe toda la luz que imaginas.

La luz marca un punto que no vemos. Un hueco que se hace luminoso gracias a las palabras y su empeño por nombrar. Un filósofo alemán dijo una vez que solo existe lo que podemos acariciar con palabras. De ahí que la gente escriba poemas para alargar la mano y así poder llegar un poco más lejos. Cada dedo viene con su propia luz inextinguible a pesar de nuestras limitaciones. Quizá por eso la luz sea de todos y de nadie. La democracia llevada a su máximo esplendor.

TABACO NEGRO

Cada vez que huelo tabaco negro
creo que va a estar mi padre ahí
escondido todavía
con mis poemas de 1983,
corrigiéndolos en rojo.
Luego se desvanece el olor
y vuelvo a estar solo en otro año
que parece un bosque quemado.
Nos equivocamos en muchas cosas.
Tú comprando esa casa,
yo corriendo en círculos.
La memoria es un alimento
que promete vitaminas
pero da, como mucho,
tristes hidratos de carbono.

Tenía una carpeta llena de poemas escritos a máquina. Tenía 17 años. Tenía un padre que coleccionaba bolígrafos rojos. Un día vi que había corregido algo. No me dijo nada. No le pregunté. Aquella tinta roja parecía la sangre de un crimen silencioso. Ahora ya no existen ni la carpeta ni los poemas ni ese rastro coloreado por la rabia. Lo que sí queda es ese olor a tabaco negro si cierro los ojos y pienso en aquellos años. Es dulce. Es como la brisa que fabricara un mar de juguete. Es como esperar que las nubes jueguen a ser lo que queremos que sean.

EL LOBO

Todo va a la fosa común
del tiempo:
el muñeco troquelado
que rozaba con la mano
al pasar por la heladería,
la luz de la calle Luchana,
también
las heridas de ese lobo
apodado amor,
amour
de bigotes finos
y canciones endebles
grabadas
en una pieza de plástico
que imitaba a un laberinto.
Con sus garras
cortaba el cielo
en muchas partes:
la noche,
las nubes bajas

de cobre incandescente
y ese espacio inaugurado
por su digestión:
la soledad,
palacio escurridizo
y agudo
que desde entonces
sería mi casa.

Soy un lobo que aprendió a escribir. A estas alturas ya lo habrás adivinado. El rabo de mis erres me delata. La tristeza insaciable me delata. Mi querer huir después de cada poema me coloca en una subcategoría de la especie que prefiere la soledad, que la busca, que la husmea, que la sueña. Soy un lobo que le pide cuentas a alguien. Un lobo estúpido, de salón, un farsante. Puede que estas apreciaciones hayan quedado fuera del poema por pudor. Ya está bien. Es hora de quitarse el disfraz. Soy un lobo disfrazado de palabras que no entiendo.

UNA CASA A MEDIO HACER

Desde el coche parece un gran asilo
de pájaros viejos. Tanto cemento
y esos huecos en las ventanas.
Cada fin de semana se estira
aunque el invierno la haga borrosa
y un poco a su imagen.
Me gustaría pasear por dentro,
ser el fantasma que va del hall
al lavabo pequeño sin decir nada.
La casa-feto pronto escuchará
a hombres que muerden almohadas
a la orilla del orgasmo. También
críticas infundadas, reproches,
ultimatos y protestas lanzados
desde sillones nuevos. Casi todo
vendrá solo, aunque no figure
en los planos ni se avise en rojo
en la maqueta. Pero eso será otro día
con otros pájaros que ni sepan
ni quieran saber lo que pase allí.

Cualquier vida es una casa a medio hacer. Hace algunos años pasaba por una en obras cada mañana. Como si se tratara del juego de los siete errores, mi vista buscaba los avances. Una viga nueva. Una ventana. Una pared. Al hacerlo imaginaba la vida futura de los que allí estuvieran. Sus horas de televisión. Sus cuerpos tumbados en una cama. Cualquier vida es una casa que se derrumba a diario. Su grandeza reside en esos pilares tan frágiles. Yo simplemente pasé por allí y lo conté.

LOS DÍAS

Los días
juegan al escondite
en un bosque.

Los más delgados
se atan con hilos
y acaban enredados
en el pelo de los árboles.

Los demás se arrastran
hacia donde la vista
se debilita
y confunde.

Al pasar
sientes sus bordes
tan difíciles de contar
en lengua materna.

Los días pasan lentos y rápidos. Eliot lo dijo muy bien en aquel poema. La vida es larga y corta a la vez. Quédate muy quieto y observa. Ese destello en el fondo de tus ojos es el tiempo. Él no pasa. Somos nosotros. Es imposible ser más claro en este punto. Quizá este poema venga con la suficiente generosidad como para extender un poco más estos pormenores. De no ser así no pierdas la fe. Vendrán otros más erguidos, menos solemnes, más disciplinados con la verdad. Este lo escribí con dudas. Ahora al verlo me parece un árbol cansado tras el paso de muchas tormentas. Pero si te alejas un poco, fíjate, algo aún brilla.

Luis Acebes

Luis Acebes (Madrid, 1966) realizó estudios de Derecho y Ciencias de la Información, aunque se dedica profesionalmente al mundo de la creatividad publicitaria y la consultoría creativa de marcas.

Ha publicado *Música ligera* (Ed. Poesía Eres Tú, 2008), *Explosiones nucleares en una caja de zapatos* (Ed. Vitruvio, 2013), *Corte a sección de mi vida con un cuchillo blanco de plástico* (Ediciones En Huida, 2015), *Fatiga terrestre* (Ediciones En Huida, 2016), *Los días del mundo* (Karina Editora, 2015), El *don de la enormidad* (Trea Editorial, 2019) e *Instrucciones para bailar la bamba* (Trea Editorial, 2023).

Todas las erratas de este libro
han sido colocadas estratégicamente.